Impressum
Verlag: BABADADA GmbH, Nedderfeld 112 , 22529 Hamburg
Geschäftsführer / Verlagsleitung: Harald Hof
Druck: Books on Demand GmbH, In de Tarpen 42, 22848 Norderstedt

Imprint
Publisher: BABADADA GmbH, Nedderfeld 112 , 22529 Hamburg, Germany
Managing Director / Publishing direction: Harald Hof
Print: Books on Demand GmbH, In de Tarpen 42, 22848 Norderstedt

d Schuel
koulu

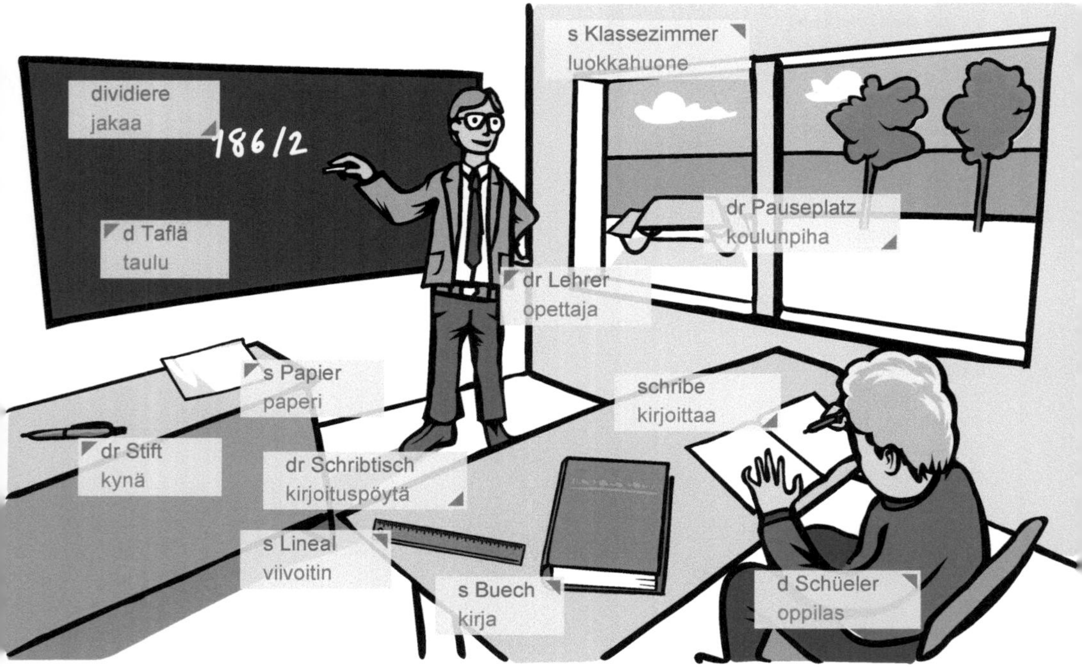
s Klassezimmer
luokkahuone
dividiere
jakaa
186/2
d Taflä
taulu
dr Pauseplatz
koulunpiha
dr Lehrer
opettaja
s Papier
paperi
schribe
kirjoittaa
dr Stift
kynä
dr Schribtisch
kirjoituspöytä
s Lineal
viivoitin
s Buech
kirja
d Schüeler
oppilas

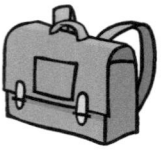

dr Thek

reppu

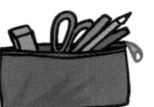

s Etui

penaali

dr Bleistift

lyijykynä

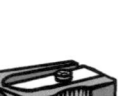

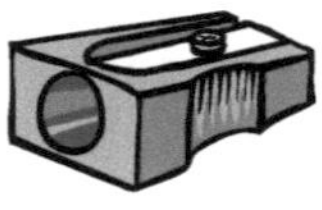

dr Spitzer

kynänteroitin

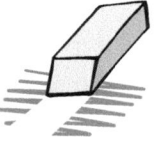

s Radiergummi

pyyhekumi

dr Zeicheblock

piirustuslehtiö

d Zeichnig

piirustus

dr Pinsel

pensseli

dr Malchaschte

vesivärit

d Schär

sakset

dr Liim

liima

s Üebigsheft

harjoituskirja

d Huusufgabe

kotitehtävä

12

d Zahl

luku

2+2

addiere

lisätä

5-2

subtrahiere

vähentää

2×2

multipliziere

kertoa

rächne

laskea

A

dr Buechstabe

kirjain

**ABCDEFG
HIJKLMN
OPQRSTU
VWXYZ**

s Alphabet

aakkoset

hello

s Wort

sana

dr Text

teksti

läse

lukea

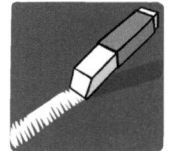

d Kriide

liitu

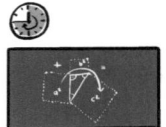

d Lektion

oppitunti

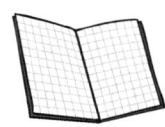

s Klassäbuech

opettajan muistikirja

d Prüefig

koe

s Zügnis

todistus

d Schueluniform

koulupuku

d Usbildig

koulutus

d Enzyklopädie

sanakirja

d Universität

yliopisto

s Mikroskop

mikroskooppi

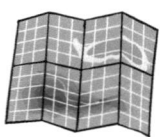

d Charte

kartta

dr Papierchorb

roskakori

d Schuel - koulu

d Reis
matka

Grand
s Hotel
hotelli
d Härbärg
retkeilymaja
ROOMS
d Wächselstube
rahanvaihto
dr Koffer
matkalaukku
s Auto
auto

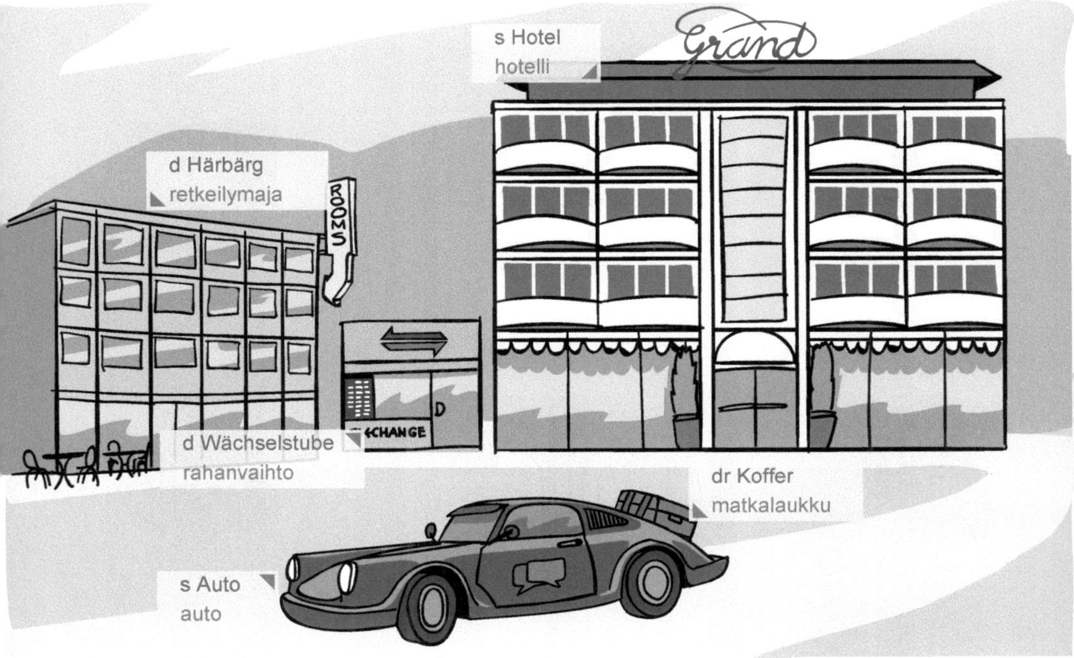

d Sprach

kieli

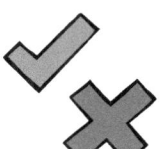

jo / nei

kyllä / ei

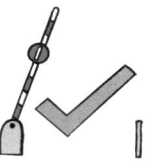

okay

selvä

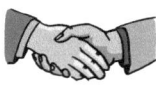

Hallo

hei

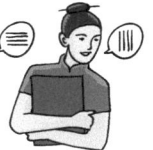

dr Dolmetscher

tulkki

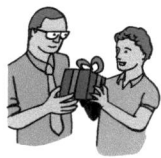

Dankä

kiitos

Was chostet...?

Paljonko...maksaa?

Ich vrstahs nöd

en ymmärrä

s Problem

ongelma

Guete Abig!

Hyvää iltaa!

guete Morgä!

Hyvää huomenta!

guete Abig!

Hyvää yötä!

Uf Wiederseh

näkemiin

d Richtig

suunta

s Bagaasch

matkatavarat

d Täsche

laukku

dr Rucksack

reppu

dr Gast

vieras

dr Ruum

huone

dr Schlafsack

makuupussi

s Zält

teltta

d Reis - matka

d Touristeninformation

turisti-info

dr Strand

ranta

d Kreditkarte

luottokortti

s Zmorge

aamupala

s Zmittag

lounas

s Znacht

päivällinen

s Billet

matkalippu

dr Ufzug

hissi

d Briefmarke

postimerkki

d Gränze

raja

dr Zoll

tulli

d Botschaft

suurlähetystö

s Visum

viisumi

dr Pass

passi

dr Transport
kuljetus

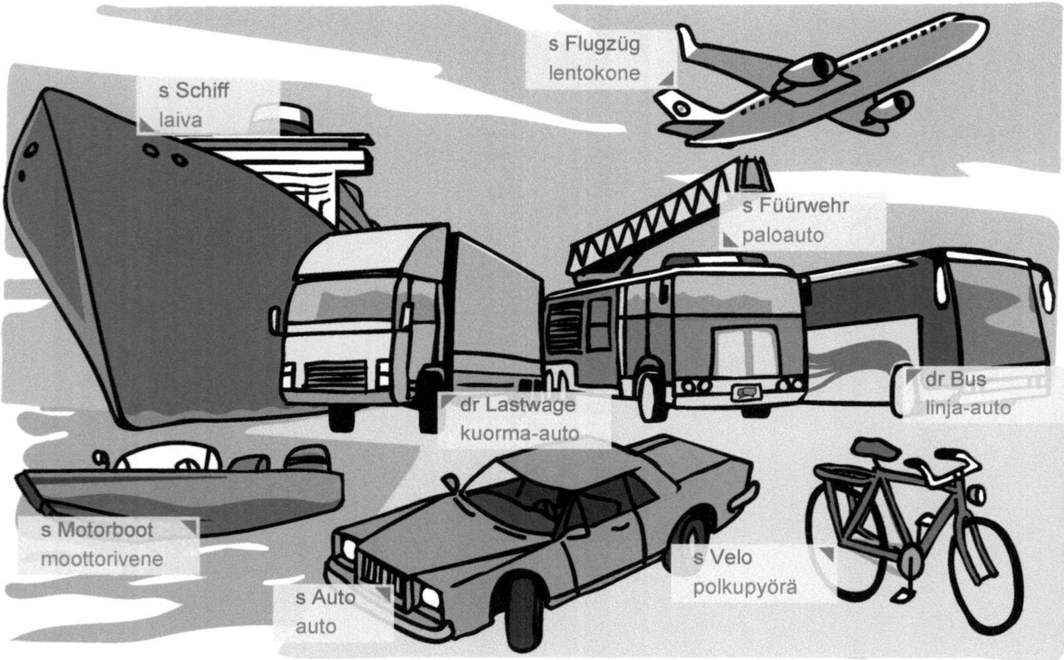

s Flugzüg
lentokone
s Schiff
laiva
s Füürwehr
paloauto
dr Bus
linja-auto
dr Lastwage
kuorma-auto
s Motorboot
moottorivene
s Velo
polkupyörä
s Auto
auto

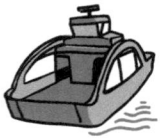

d Fähri

lautta

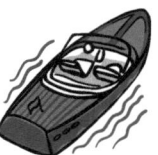

s Boot

vene

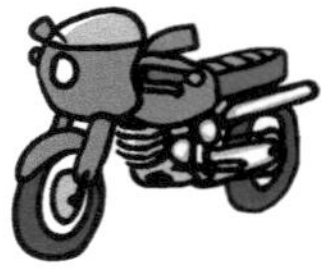

s Töff

moottoripyörä

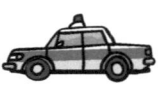

s Polizeiauto

poliisiauto

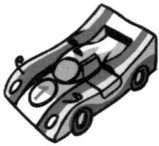

s Rännauto

kilpa-auto

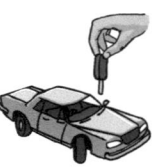

dr Mietwage

vuokra-auto

s Carsharing

car sharing

dr Abschleppwage

hinausauto

dr Chübelwage

roska-auto

dr Motor

moottori

s Benzin

polttoaine

d Tankstell

huoltoasema

s Verkehrsschild

liikennemerkki

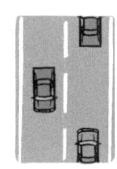

dr Verchehr

liikenne

dr Stau

ruuhka

dr Parkplatz

parkkipaikka

dr Bahnhof

rautatieasema

d Schiene

raiteet

dr Zug

juna

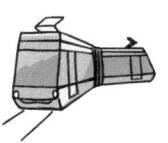

d Strassebahn

raitiovaunu

dr Wagon

vaunu

dr Helikopter

helikopteri

dr Flughafe

lentokenttä

dr Tower

lähilennonjohto

dr Passagier

matkustaja

dr Container

kontti

dr Karton

pahvilaatikko

dr Chare

kärryt

dr Korb

kori

starte / lande

nousta / laskea

d Stadt
kaupunki

s Dorf

kylä

s Stadtzentrum

keskusta

s Huus

talo

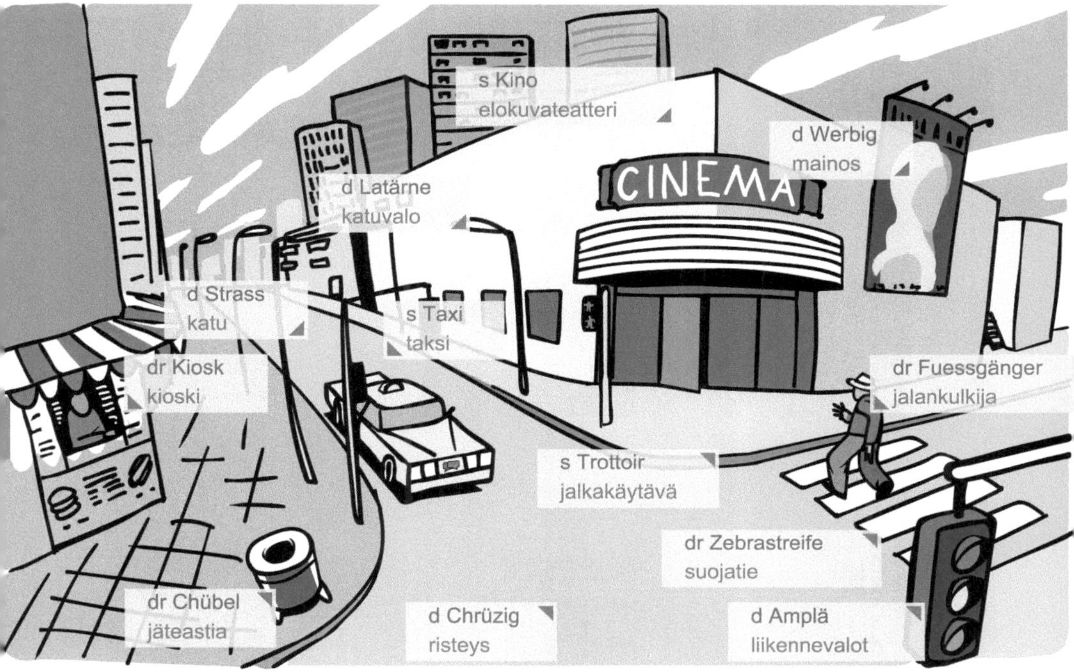

s Kino
elokuvateatteri

d Werbig
mainos

d Latärne
katuvalo

CINEMA

d Strass
katu

s Taxi
taksi

dr Kiosk
kioski

dr Fuessgänger
jalankulkija

s Trottoir
jalkakäytävä

dr Zebrastreife
suojatie

dr Chübel
jäteastia

d Chrüzig
risteys

d Amplä
liikennevalot

d Hütte
mökki

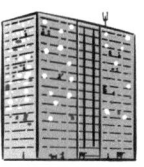

d Wohnig
kerrostalo

dr Bahnhof
rautatieasema

s Gmeindshuus
kaupungintalo

s Museum
museo

d Schuel
koulu

d Universität

yliopisto

d Bank

pankki

s Spital

sairaala

s Hotel

hotelli

d Apotheke

apteekki

s Büro

toimisto

s Buechgschäft

kirjakauppa

s Gschäft

liike

dr Bluemelade

kukkakauppa

dr Läbensmittellade

supermarketti

dr Märt

tori

s Chaufhuus

tavaratalo

dr Fischhändler

kalakauppias

s Iihkaufszentrum

ostoskeskus

dr Hafe

satama

dr Park

puisto

d Bank

penkki

d Brugg

silta

d Stäge

portaat

d U-Bahn

metro

dr Tunnell

tunneli

d Bushaltestell

linja-autopysäkki

d Bar

baari

s Restaurant

ravintola

dr Briefchastä

postilaatikko

s Strasseschild

katukyltti

d Parkuhr

parkkimittari

dr Zolli

eläintarha

d Badi

uimala

d Moschee

moskeija

d Stadt - kaupunki

dr Buurehof

maatila

d Umwältvrschmutzig

ympäristön saastuminen

dr Fridhof

hautausmaa

d Chile

kirkko

dr Spielplatz

leikkikenttä

dr Tämpel

temppeli

d Landschaft
maisema

s Blatt
lehti

dr Wägwiiser
tienviitta

dr Wäg
tie

d Wise
niitty

dr Stei
kivi

dr Baum
puu

dr Wanderer
retkeilijä

dr Fluss
joki

s Gras
ruoho

d Bluamä
kukka

s Tal

laakso

dr Bärg

vuori

dr See

järvi

dr Wald

metsä

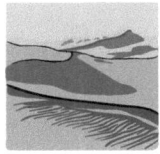

d Wüeschti

aavikko

dr Vulkan

tulivuori

s Schloss

linna

dr Rägeboge

sateenkaari

dr Pilz

sieni

d Palme

palmu

dr Moskito

hyttynen

d Fliege

kärpänen

d Ameise

muurahainen

s Biendli

mehiläinen

d Spinne

hämähäkki

dr Chäfer

kovakuoriainen

dr Frosch

sammakko

s Eichhörnli

orava

dr Igel

siili

dr Haas

jänis

d Üle

pöllö

d Vogu

lintu

dr Schwan

joutsen

s Wildschwein

villisika

dr Hirsch

peura

dr Elch

hirvi

dr Damm

pato

d Windturbine

tuulimylly

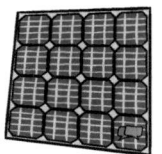

dr Sunnekollektor

aurinkopaneeli

s Klima

ilmasto

d Landschaft - maisema

s Restaurant
ravintola

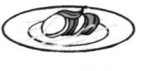

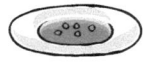

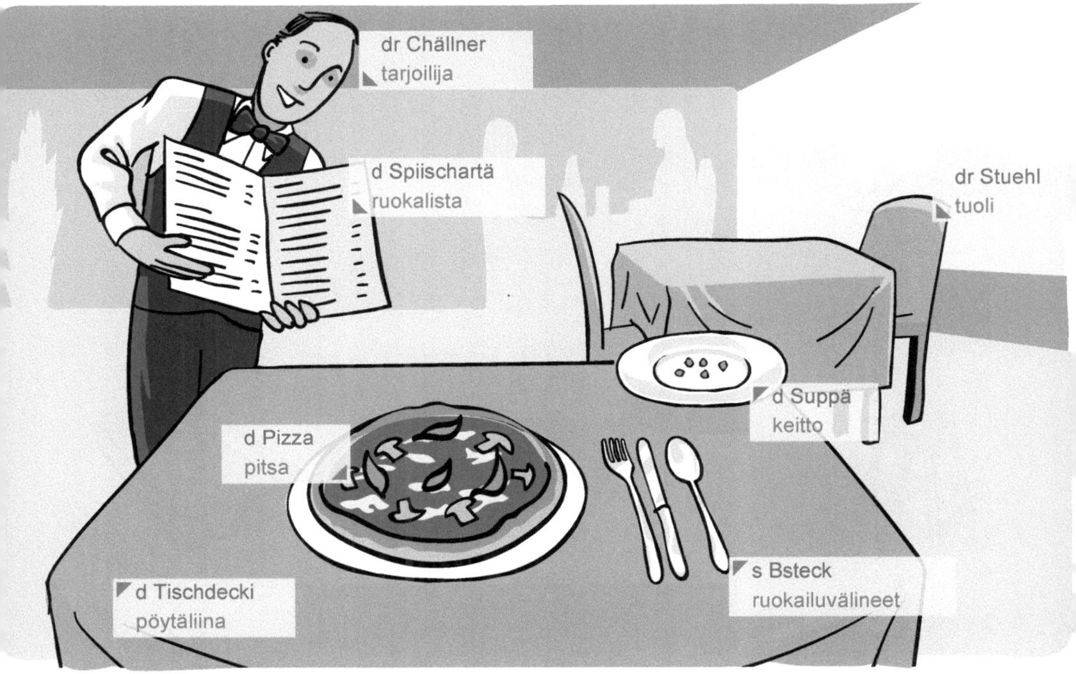
dr Chällner
tarjoilija
d Spiischartä
ruokalista
dr Stuehl
tuoli
d Suppä
keitto
d Pizza
pitsa
s Bsteck
ruokailuvälineet
d Tischdecki
pöytäliina

d Vorspiies

alkuruoka

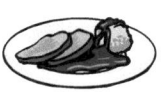

s Hauptgricht

pääruoka

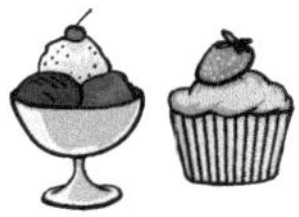

s Dessert

jälkiruoka

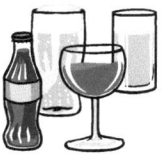

s Getränk

juomat

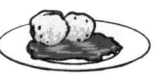

d Läbensmittel

ruoka

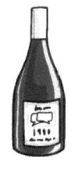

d Fläsche

pullo

s Fast Food

pikaruoka

s Street Food

katuruoka

d Teechanne

teekannu

d Zuckerdosä

sokeriastia

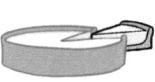

d Portion

annos

d Espressomaschine

espressokeitin

dr Hochstuehl

syöttötuoli

d Rächnig

lasku

s Tablett

tarjotin

s Mässer

veitsi

d Gable

haarukka

dr Löffel

lusikka

dr Teelöffel

teelusikka

d Serviette

servietti

s Glas

lasi

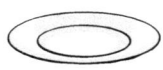

dr Täller

lautanen

dr Suppetällär

syvä lautanen

d Untertasse

aluslautanen

d Sose

kastike

dr Salzstreuer

suolasirotin

d Pfäffermühli

pippurimylly

dr Essig

etikka

s Öl

öljy

d Gwürz

mausteet

ds Ketchup

ketsuppi

dr Sänf

sinappi

d Mayonnaise

majoneesi

dr Läbensmittellade
supermarketti

s Ahgebot
tarjous
FOR
dr Chund
asiakas
d Milchprodukt
maitotuotteet
d Frücht
hedelmät
dr Iichaufswage
ostoskärryt

BUTCHERS

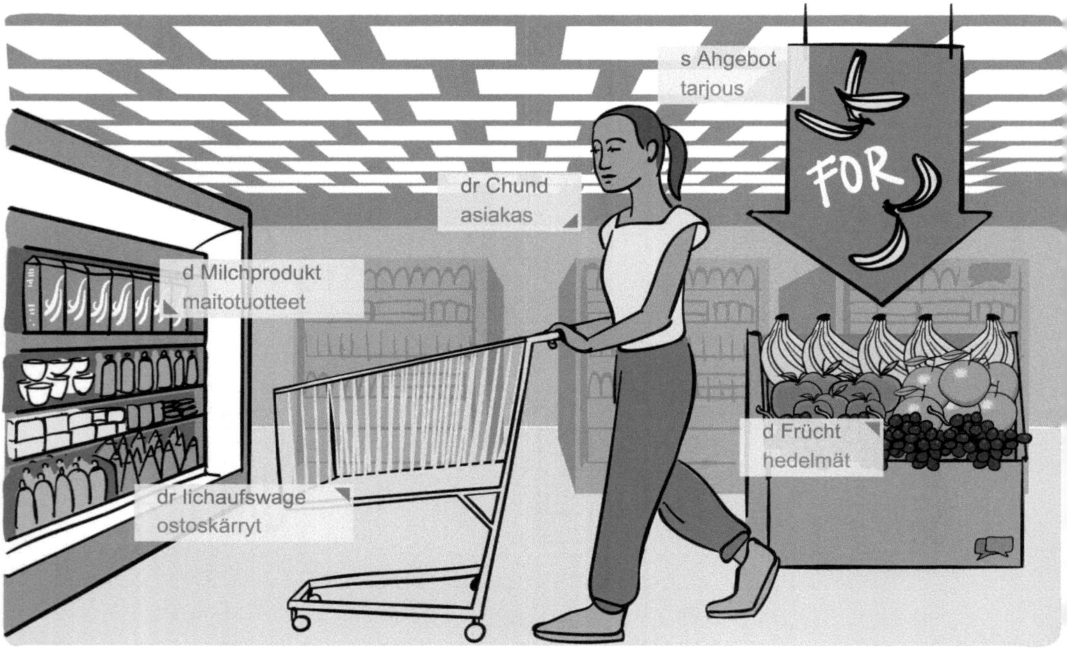

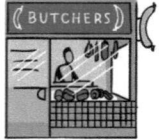

dr Schlachter

teurastamo

BAKERY

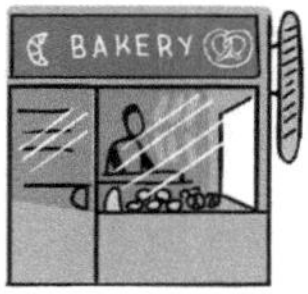

dr Beck

leipomo

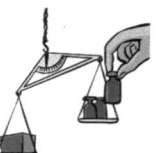

wiege

punnita

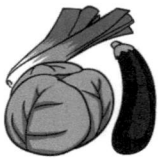

s Gmües

kasvikset

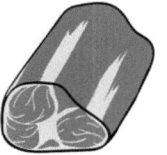

s Fleisch

liha

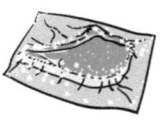

d Tiefkühlprodukt

pakasteet

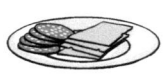

dr Ufschnitt

leikkele

d Konsärve

säilykkeet

s Wöschmittel

pesujauhe

d Süessigkeite

makeiset

d Huushaltartikel

kotitaloustarvikkeet

s Putzmittel

puhdistusaineet

d Verchäuferin

myyjä

d Kassä

kassa

dr Kassierer

kassanhoitaja

d Ihchaufsliste

ostoslista

d Öffnigszite

aukioloajat

s Portemonnaie

lompakko

d Kreditkarte

luottokortti

d Täsche

kassi

dr Plastiksack

muovipussi

s Wasser

vesi

dr Saft

mehu

d Milch

maito

d Cola

kokis

dr Wii

viini

s Bier

olut

dr Alkohol

alkoholi

s Ovi

kaakao

dr Tee

tee

dr Kafi

kahvi

dr Espresso

espresso

dr Cappuccino

cappuccino

d Banane

banaani

dr Öpfel

omena

d Orange

appelsiini

d Melone

meloni

d Zitrone

sitruuna

s Rüebli

porkkana

dr chnoobli

valkosipuli

dr Bambus

bambu

d Zwiblä

sipuli

dr Pilz

sieni

d Nüss

pähkinät

d Nudle

spagetti

d Spaghetti

spagetti

dr Riis

riisi

dr Salat

salaatti

d Pommfrit

ranskalaiset

d Bratherdöpfel

paistetut perunat

d Pizza

pitsa

dr Hamburgär

hampurilainen

s Sandwich

voileipä

s Gotlett

leike

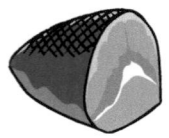

dr Schinkä

kinkku

d Salami

salami

s Würschtli

makkara

s Huehn

kana

dr Bratä

paisti

dr Fisch

kala

d Läbensmittel - ruoka

d Haferflocke

kaurahiutaleet

s Müesli

mysli

d Cornflakes

murot

s Mähl

jauho

s Gipfeli

voisarvi

s Brötli

sämpylä

s Brot

leipä

dr Toscht

paahtoleipä

s Guetzli

keksit

d Butter

voi

dr Quark

rahka

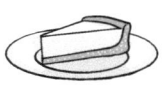

dr Chueche

kakku

s Ei

kananmuna

s Spiegelei

paistettu kananmuna

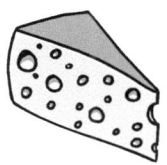

dr Chäs

juusto

d Läbensmittel - ruoka

d Glace

jäätelö

dr Zucker

sokeri

dr Honig

hunaja

d Gonfi

hillo

d Nougat-Creme

suklaapähkinälevite

s Curry

curry

dr Buurehof
maatila

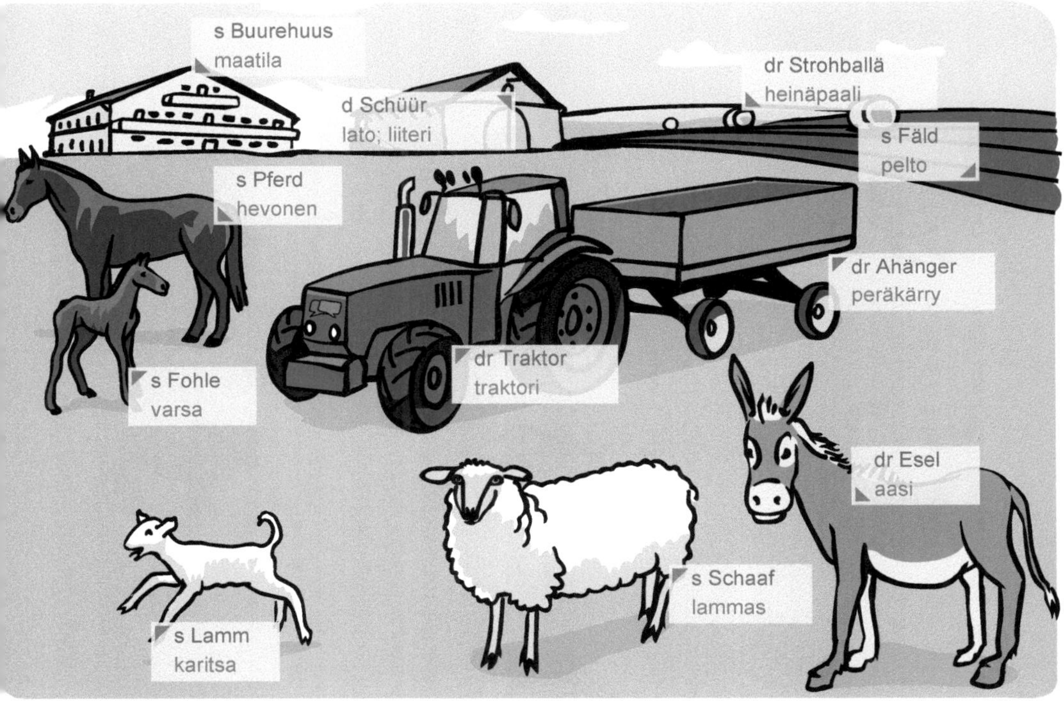

s Buurehuus
maatila
d Schüür
lato; liiteri
dr Strohballä
heinäpaali
s Fäld
pelto
s Pferd
hevonen
dr Ahänger
peräkärry
dr Traktor
traktori
s Fohle
varsa
dr Esel
aasi
s Schaaf
lammas
s Lamm
karitsa

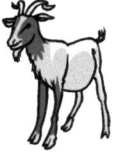

d Geiss

vuohi

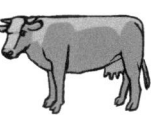

d Chueh

lehmä

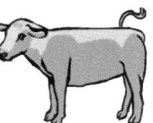

s Chalb

vasikka

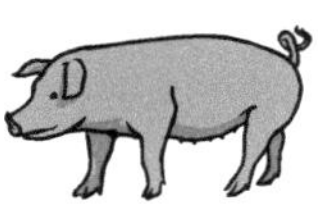

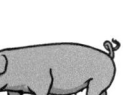

d Sau

sika

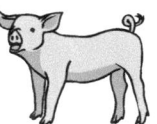

s Ferkel

porsas

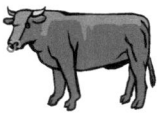

s Rind

sonni

d Gans

hanhi

d Änte

ankka

s Küke

tipu

s Huähn

kana

dr Güggel

kukko

d Ratte

rotta

d Chatz

kissa

d Muus

hiiri

dr Ochse

härkä

dr Hund

koira

d Hundehütte

koirankoppi

dr Garteschluuch

puutarhaletku

d Giesschanne

kastelukannu

d Sägese

viikate

dr Pflueg

aura

d Sichel

sirppi

d Hacke

kuokka

d Heugable

talikko

d Axt

kirves

d Garette

kottikärryt

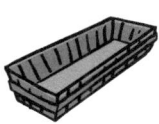

dr Trog

kaukalo

d Milchchanne

maitokannu

dr Sack

säkki

dr Haag

aita

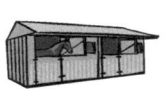

dr Gadä

talli

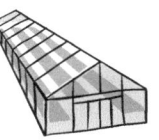

s Gwächshuus

kasvihuone

dr Bode

maa

dr Soome

siemen

dr Dünger

lannoite

dr Mähdrescher

leikkuupuimuri

ärnte

kerätä sato

d Ärnte

sato

d Yamswurzle

jamssit

dr Weize

vehnä

s Soja

soija

dr Härdöpfel

peruna

dr Mais

maissi

dr Raps

rypsi

dr Obstbaum

hedelmäpuu

dr Maniok

maniokki

s Getreide

vilja

s Huus
talo

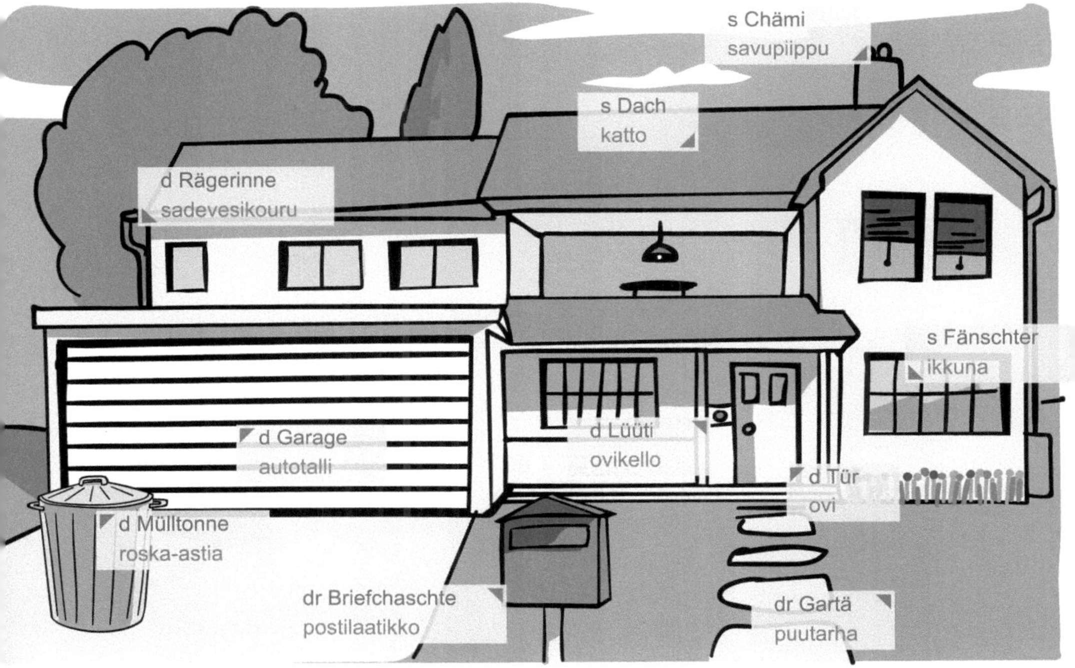

s Chämi
savupiippu

s Dach
katto

d Rägerinne
sadevesikouru

s Fänschter
ikkuna

d Garage
autotalli

d Lüüti
ovikello

d Tür
ovi

d Mülltonne
roska-astia

dr Briefchaschte
postilaatikko

dr Gartä
puutarha

s Stubä
olohuone

s Badzimmer
kylpyhuone

d Chuchi
keittiö

s Schlofzimmer
makuuhuone

s Chinderzimmer
lastenhuone

s Ässzimmer
ruokahuone

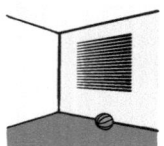

dr Bodä

lattia

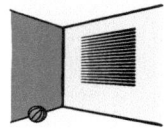

d Wand

seinä

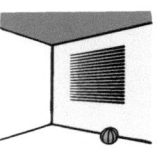

d Decki

katto

dr Chäller

kellari

d Sauna

sauna

dr Balkon

parveke

d Terasse

terassi

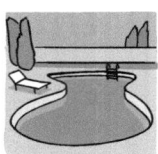

s Pool

uima-allas

dr Rasemäier

ruohonleikkuri

dr Bettbezug

lakana

d Bettdecki

päiväpeitto

s Bett

sänky

dr Bäse

harja

dr Chübel

ämpäri

dr Schalter

katkaisin

s Stubä

olohuone

d Tapete
tapetti
s Bild
kuva
d Lampä
lamppu
s Regal
hylly
dr Schrank
kaappi
dr Färnseh
televisio
dr Kamin
takka
d Bluamä
kukka
s Chüssi
tyyny
s Sofa
sohva
d Vasä
maljakko
d Färnbedienig
kaukosäädin

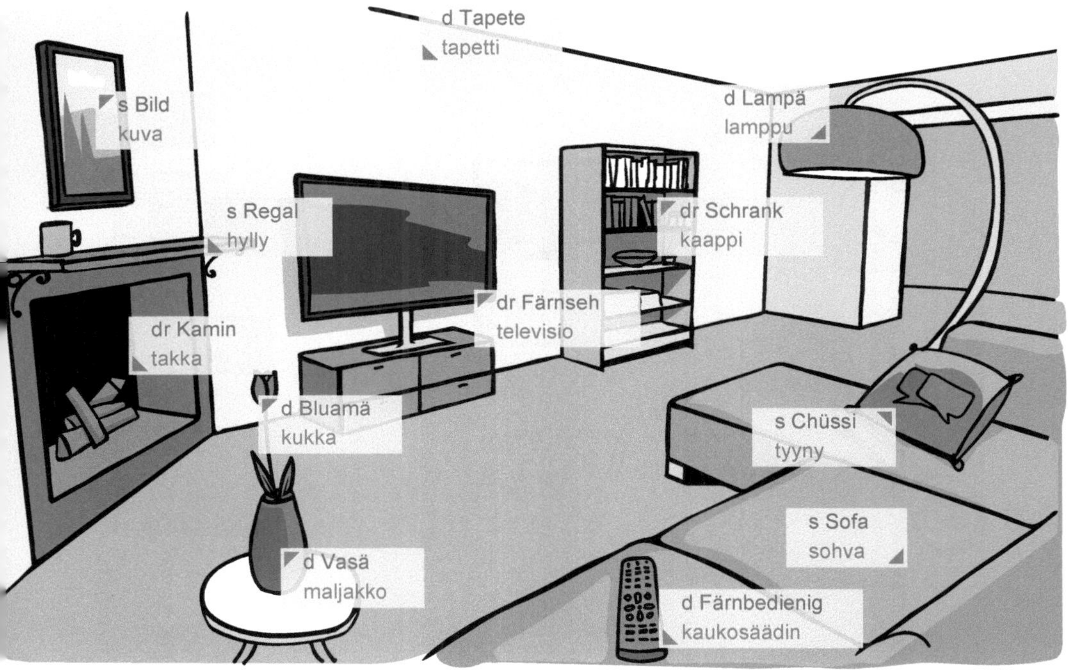

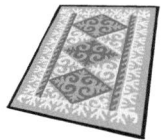

dr Teppich

matto

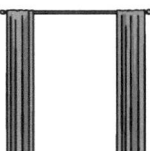

dr Vorhang

verho

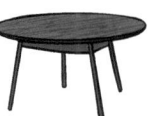

dr Tisch

pöytä

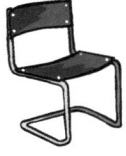

dr Stuehl

tuoli

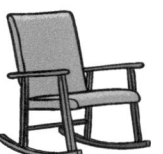

dr Schaukelstuehl

keinutuoli

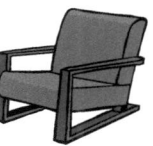

dr Sässel

nojatuoli

s Buech

kirja

d Decki

peitto

d Dekoration

koriste

s Füürholz

polttopuut

dr Film

elokuva

d Stereoahlag

stereot

dr Schlüssel

avain

d Ziitig

sanomalehti

s Bild

maalaus

s Poster

juliste

s Radio

radio

dr Notizblock

muistivihko

dr Staubsuuger

pölynimuri

dr Kaktus

kaktus

d Chärze

kynttilä

s Stubä - olohuone

d Chuchi
keittiö

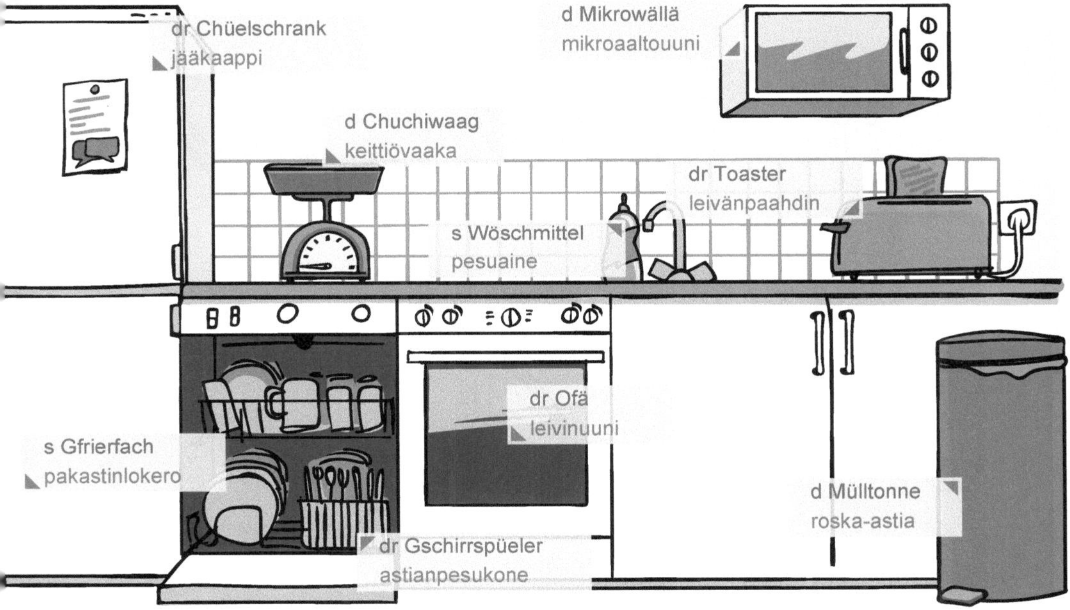
dr Chüelschrank
jääkaappi
d Mikrowällä
mikroaaltouuni
d Chuchiwaag
keittiövaaka
dr Toaster
leivänpaahdin
s Wöschmittel
pesuaine
dr Ofä
leivinuuni
s Gfrierfach
pakastinlokero
d Mülltonne
roska-astia
dr Gschirrspüeler
astianpesukone

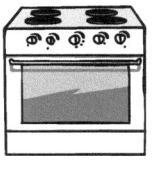

dr Härd

liesi

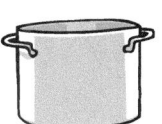

dr Topf

kattila

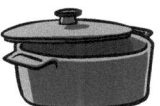

dr Iisetopf

rautapata

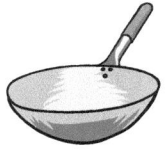

dr Wok / Kadai

vokkipannu / kadai-pannu

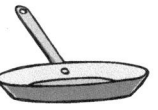

d Pfanne

paistinpannu

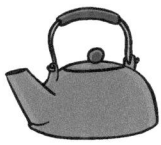

dr Wasserchocher

teepannu

dr Dampfer

höyrykeitin

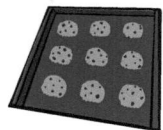

s Bachbläch

uunipelti

s Gschirr

astiat

dr Bächer

muki

d Schale

kulho

d Stäbli

syömäpuikot

d Suppechellä

kauha

dr Pfannewänder

paistinlasta

dr Schneebäse

vispilä

s Sieb

siivilä

s Sieb

siivilä

d Raffle

raastin

dr Mörser

mortteli

dr Grill

grilli

d Füürstell

avotuli

s Schniidbrätt

leikkuulauta

s Nudelholz

kaulin

dr Korkäzieher

korkinavaaja

d Dosä

purkki

dr Dosäöffner

purkinavaaja

dr Topflappä

pannulappu

s Wöschbecki

lavuaari

d Bürste

tiskiharja

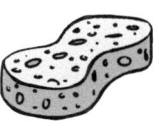

dr Schwumm

pesusieni

dr Mixer

tehosekoitin

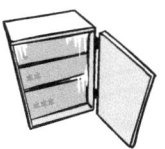

dr Gfrierschrank

pakastin

s Babyfläschli

tuttipullo

dr Hahnä

vesihana

s Badzimmer
kylpyhuone

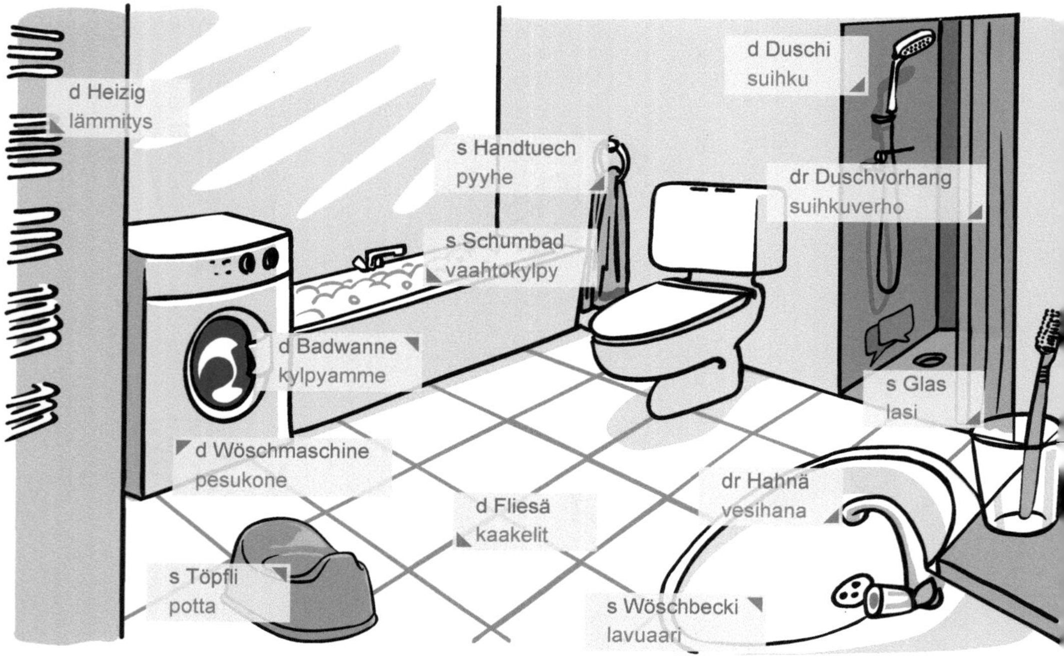

d Heizig
lämmitys
s Handtuech
pyyhe
d Duschi
suihku
dr Duschvorhang
suihkuverho
s Schumbad
vaahtokylpy
d Badwanne
kylpyamme
s Glas
lasi
d Wöschmaschine
pesukone
dr Hahnä
vesihana
d Fliesä
kaakelit
s Töpfli
potta
s Wöschbecki
lavuaari

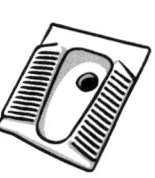

d Toilette

vessa

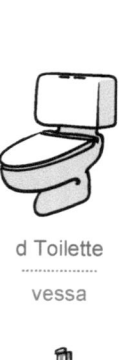

s Plumpsklo

kyykkyvessa

s Bidet

bidee

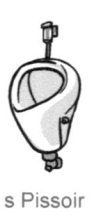

s Pissoir

pisuaari

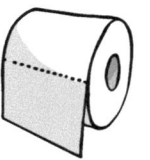

ds Toilettepapier

vessapaperi

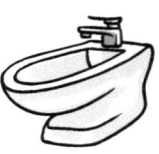

d Toilettebürschteli

vessaharja

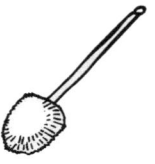

d Zahbürstä

hammasharja

d Zahpasta

hammastahna

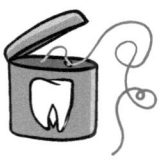

d Zahnsiide

hammaslanka

wäsche

pestä

d Handduschi

käsisuihku

d Intiimduschi

intiimisuihku

s Wöschbecki

pesuvati

d Ruggäbürste

selkäharja

d Seifä

saippua

s Duschgel

suihkugeeli

s Shampoo

shampoo

dr Waschlappä

pesulappu

dr Abfluss

viemäri

d Creme

voide

s Deo

deodorantti

dr Spiegel
peili

dr Handspiegel
käsipeili

dr Rasierer
partaveitsi

dr Rasierschuum
partavaahto

s Aftershave
partavesi

dr Schträäl
kampa

d Bürstä
harja

dr Föhn
hiustenkuivaaja

s Hoorspray
hiuslakka

s Makeup
meikki

dr Lippestift
huulipuna

dr Nagellack
kynsilakka

d Wattä
pumpuli

d Nagelscher
kynsisakset

s Parfum
hajuvesi

s Necessaire

kosmetiikkalaukku

dr Schemel

jakkara

d Waag

vaaka

dr Badmantel

kylpytakki

dr Gummihändscheh

kumihansikkaat

s Tampon

tamponi

d Damebinde

terveysside

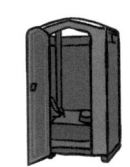

d chemischi Toilette

kemiallinen wc

s Chinderzimmer
lastenhuone

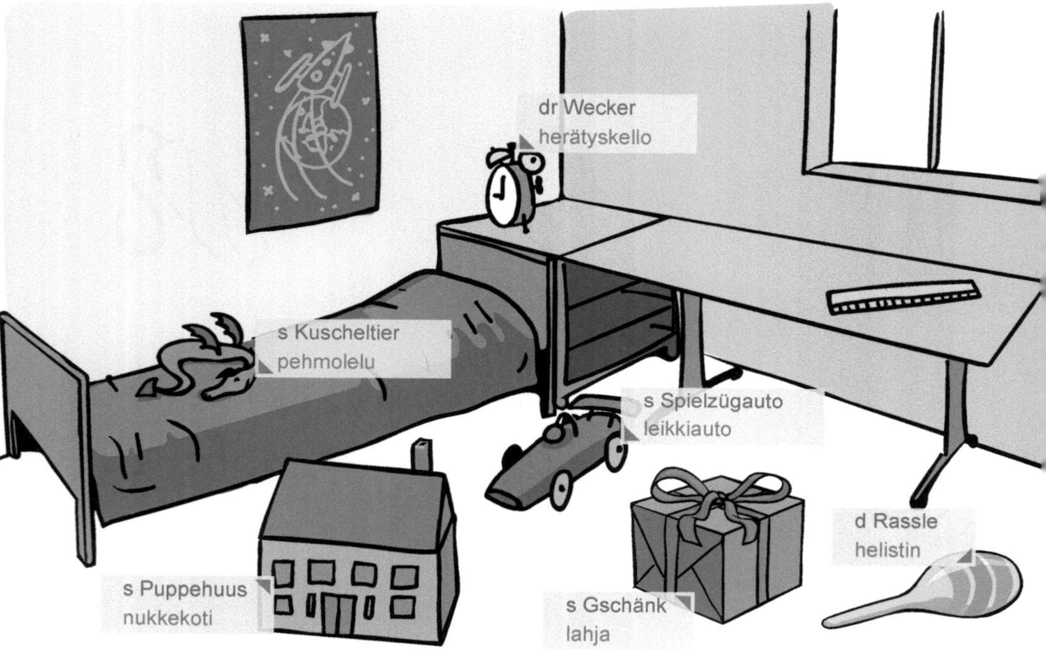

dr Wecker
herätyskello
s Kuscheltier
pehmolelu
s Spielzügauto
leikkiauto
d Rassle
helistin
s Puppehuus
nukkekoti
s Gschänk
lahja

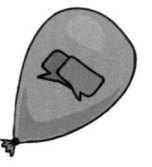

dr Ballon

ilmapallo

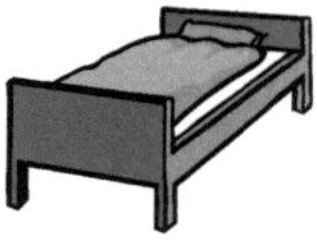

s Bett

sänky

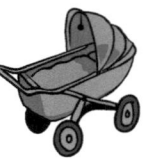

dr Chinderwage

lastenvaunut

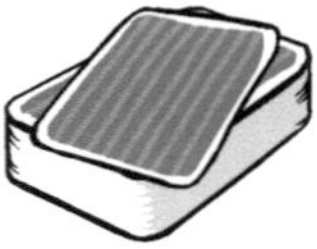

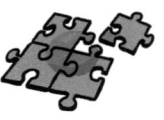

s Chartespiel

korttipeli

s Puzzle

palapeli

SUPER
MEGA

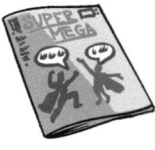

dr Comic

sarjakuva

d Legos

legopalikat

d Baustei

rakennuspalikat

d Action Figur

supersankari

s Strampli

potkupuku

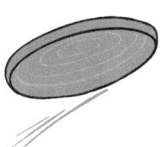

s Frisbee

frisbee

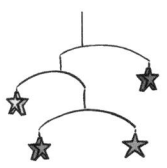

s Mobile

mobile

s Brättspiel

lautapeli

dr Würfäl

noppa

d Modellisebahn

pienoisjunarata

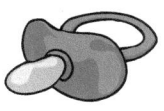

dr Nuggi

tutti

d Party

juhlat

s Bilderbuch

kuvakirja

dr Ball

pallo

d Puppä

nukke

spiele

leikkiä

dr Sandchaschte

hiekkalaatikko

d Gigampfi

keinu

s Spielzüg

lelut

d Videospielkonsole

pelikonsoli

s Dreirad

kolmipyörä

dr Teddy

nalle

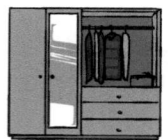

dr Chleiderschrank

vaatekaappi

d Chleidig
vaatteet

d Sockä

sukat

d Strümpf

nylonsukat

d Strumpfhosä

sukkahousut

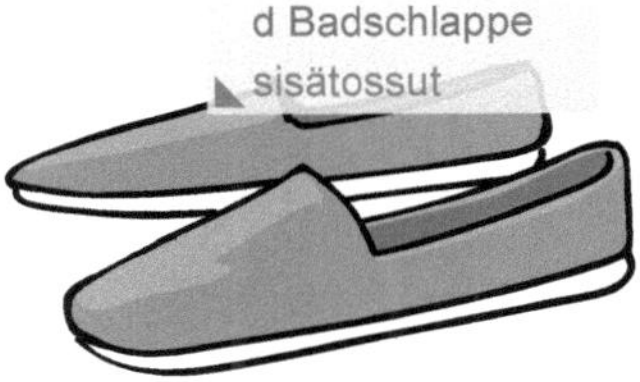

dr Schal
kaulaliina

dr Rägeschirm
sateenvarjo

s T-Shirt
t-paita

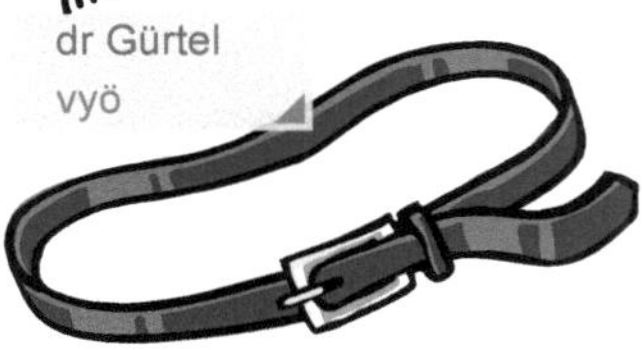

dr Gürtel
vyö

dr Stiefel
saappaat

d Badschlappe
sisätossut

d Turnschueh
lenkkarit

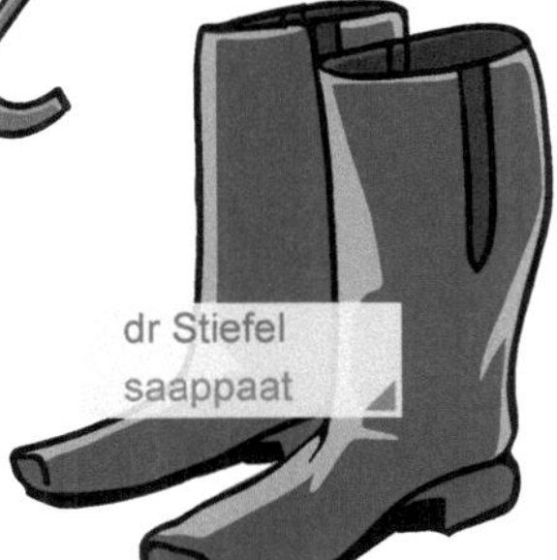

d Sandalä
sandaalit

d Schueh
kengät

d Gummistiefel
kumisaappaat

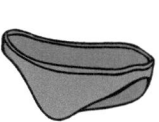

d Untrhosä
alushousut

dr BH
rintaliivit

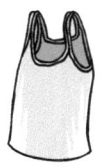

s Underlibli
aluspaita

d Chleidig - vaatteet

dr Body

body

d Hosä

housut

d Jeans

farkut

dr Rock

hame

d Bluse

pusero

s Hömli

paita

dr Pulli

villapaita

dr Kapuzepulli

collegepaita

dr Blazer

jakku

d Jacke

takki

dr Mantel

takki

dr Rägämantel

sadetakki

s Chostüm

puku

s Chleid

mekko

s Hochziitskleid

hääpuku

dr Ahzug

puku

s Nachthömli

yöpaita

s Pyjama

pyjama

dr Sari

shari

s Chopftuäch

päähuivi

dr Turban

turbaani

d Burka

burka

dr Kaftan

kaftaani

d Abaya

abaya

s Badchleid

uimapuku

d Badhose

uimahousut

d churzi Hosä

shortsit

dr Trainer

verkkarit

d Schürze

esiliina

d Händsche

käsineet

dr Chnopf

nappi

d Brüllä

silmälasit

s Armband

rannekoru

d Chetti

kaulakoru

dr Ring

sormus

dr Ohrering

korvakoru

d Chappe

lippalakki

dr Chleiderbügel

ripustin

dr Huet

hattu

d Grawattä

solmio

dr Riissverschluss

vetoketju

dr Helm

kypärä

dr Hosäträger

henkselit

d Schueluniform

koulupuku

d Uniform

univormu

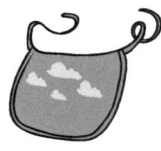

s Lätzli

ruokalappu

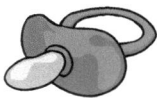

dr Nuggi

tutti

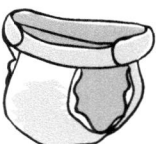

d Windle

vaippa

s Büro
toimisto

dr Server
palvelin
dr Akteschrank
asiakirjakaappi
dr Drucker
tulostin
s Papier
paperi
dr Monitor
näyttö
d Muus
hiiri
dr Schribtisch
kirjoituspöytä
dr Ordner
kansio
d Taschtatur
näppäimistö
dr Papierchorb
roskakori
dr Stuehl
tuoli
dr Computer
tietokone

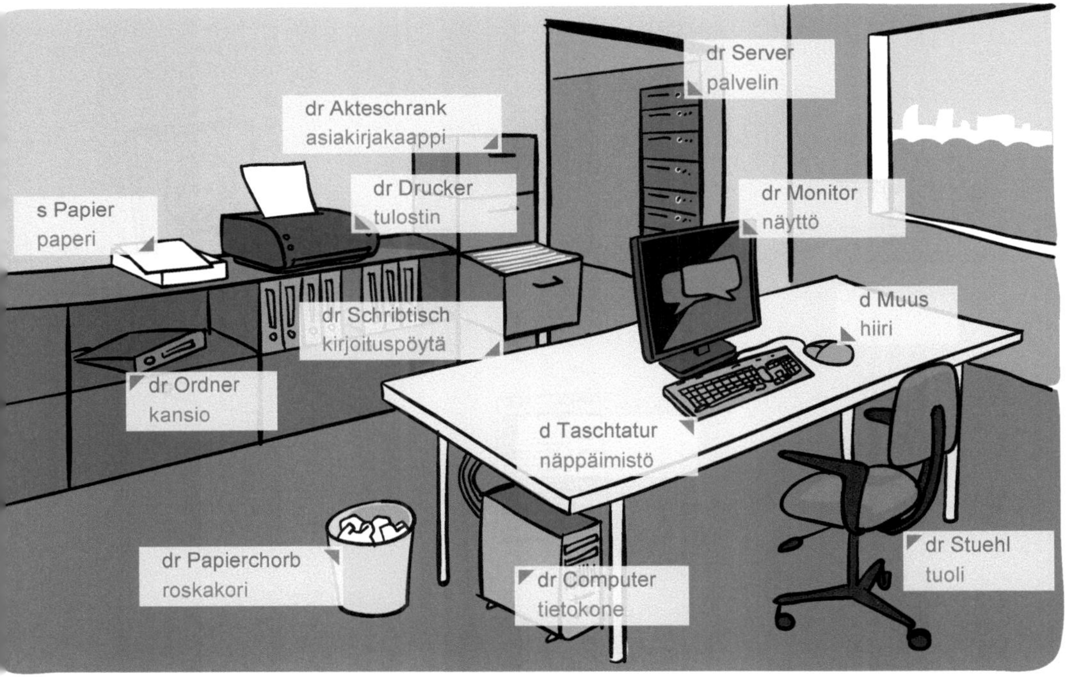

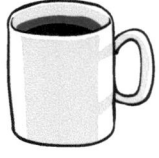

dr Kafibächer

kahvimuki

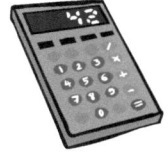

dr Tascherächner

taskulaskin

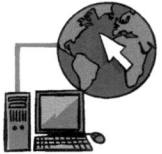

s Internet

internet

dr Laptop

kannettava tietokone

dr Brief

kirje

d Nochricht

viesti

s Mobiltelefon

kännykkä

s Netzwärk

verkko

dr Kopierer

kopiokone

d Software

ohjelmisto

s Telefon

puhelin

d Steckdosä

pistorasia

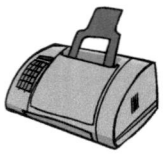

s Fax

faksi

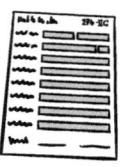

s Formular

lomake

s Dokumänt

asiakirja

s Büro - toimisto

chaufe

ostaa

zahle

maksaa

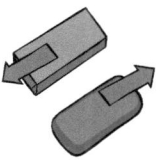

handle

vaihtaa

s Gäld

raha

 USD

dr Dollar

dollari

 EUR

dr Euro

euro

 JPY

dr Yen

jeni

 RUB

dr Rubel

rupla

 CHF

dr Frankä

frangi

 CNY

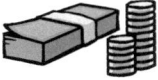

dr Renminbi Yuan

renminbi juan

 INR

d Rupie

rupia

dr Gäldautomat

pankkiautomaatti

d Wächselstube

rahanvaihto

s Gold

kulta

s Silber

hopea

s Öl

öljy

d Energie

energia

dr Preis

hinta

dr Vertrag

sopimus

d Stüür

vero

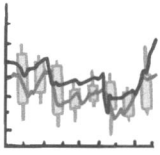

d Aktie

osake

schaffe

työskennellä

dr Mitarbeiter

työntekijä

dr Arbeitgeber

työnantaja

d Fabrik

tehdas

s Gschäft

liike

dr Füürwehrmaa
palomies

dr Polizischt
poliisi

dr Choch
kokki

dr Arzt
lääkäri

dr Pilot
lentäjä

dr Gärtner

puutarhuri

dr Zimmermah

puuseppä

d Näheri

ompelija

dr Richter

tuomari

dr Chemiker

kemisti

dr Darsteller

näyttelijä

dr Busfahrer

linja-autonkuljettaja

dr Taxifahrer

taksinkuljettaja

dr Fischer

kalastaja

d Putzfrau

siivooja

dr Dachdecker

katontekijä

dr Chällner

tarjoilija

dr Jäger

metsästäjä

dr Moler

maalari

dr Bäcker

leipuri

dr Elektriker

sähköasentaja

dr Bauarbeiter

rakentaja

dr Ingenieur

insinööri

dr Schlachter

teurastaja

dr Klämpner

putkiasentaja

dr Pöschtler

postinjakaja

dr Soldat

sotilas

dr Architekt

arkkitehti

dr Kassierer

kassanhoitaja

dr Florischt

floristi

dr Frisör

kampaaja

dr Kontrolleur

konduktööri

dr Mechaniker

mekaanikko

dr Kapitän

kapteeni

dr Zahnarzt

hammaslääkäri

dr Wüsseschaftler

tiedemies

dr Rabbi

rabbi

dr Imam

imaami

dr Mönch

munkki

dr Pfarrer

pappi

d Werkzüüg
työkalut

dr Hammer
vasara
d Zangä
pihdit
dr Schruubedreier
ruuvimeisseli
d Taschelampä
taskulamppu
dr Schrubeschlüssel
jakoavain

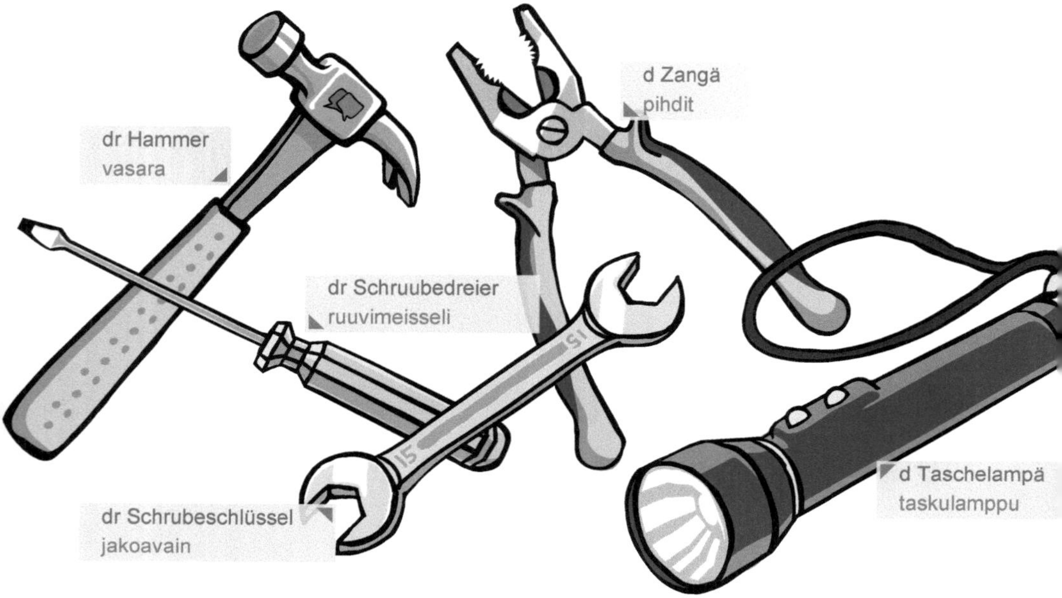

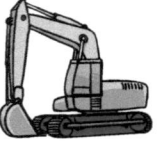

dr Bagger
kaivinkone

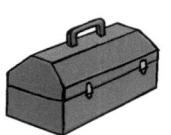

dr Werkzüügchaschte
työkalupakki

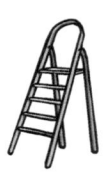

d Leitere
tikkaat

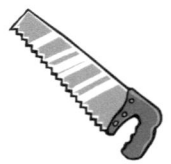

d Sagi
saha

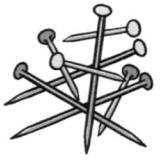

d Negel
naulat

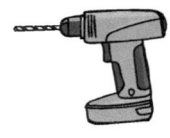

dr Bohrer
pora

flicke
korjata

d Schufle
lapio

Mischt!
Hitto!

d Ascheschufle
rikkalapio

dr Farbchübel
maalipurkki

d Schruube
ruuvit

d Musiginstrumänt
soittimet

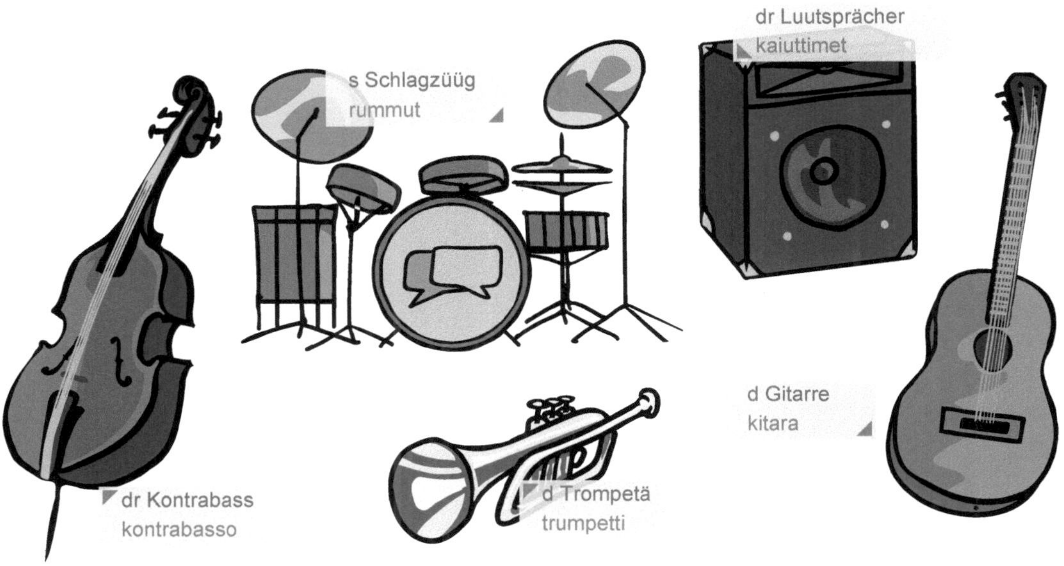

dr Luutsprächer
kaiuttimet

s Schlagzüüg
rummut

d Gitarre
kitara

dr Kontrabass
kontrabasso

d Trompetä
trumpetti

s Klavier

piano

d Violine

viulu

dr Bass

basso

d Pauke

patarummut

d Trummle

rumpu

s Keyboard

kosketinsoitin

s Saxophon

saksofoni

d Flöte

huilu

s Mikrofon

mikrofoni

dr Zolli

eläintarha

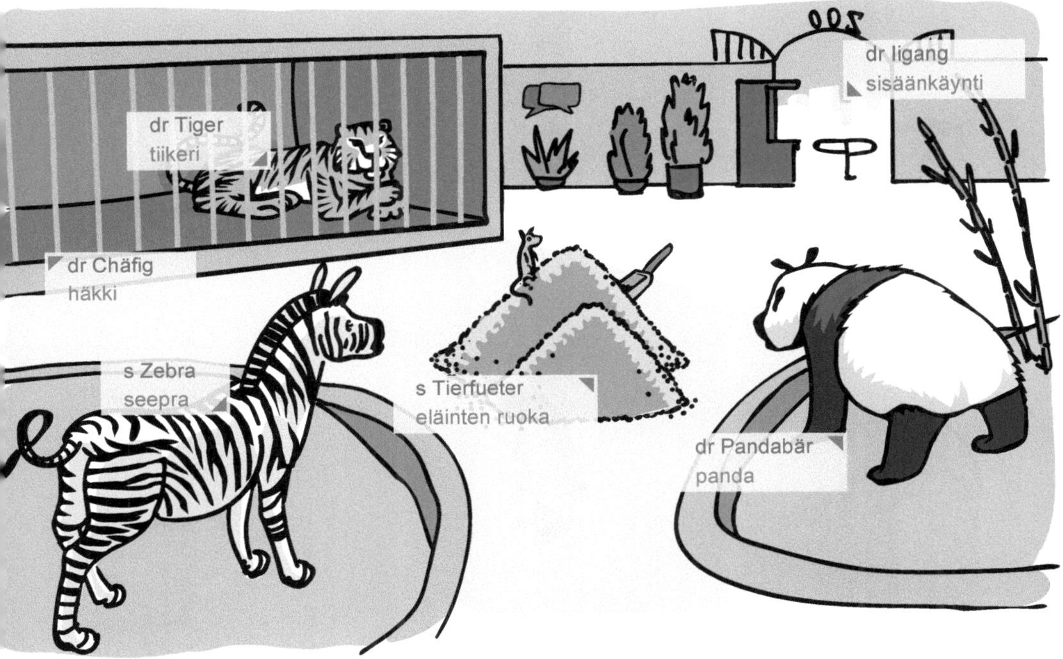

dr Tiger
tiikeri
dr Chäfig
häkki
s Zebra
seepra
s Tierfueter
eläinten ruoka
dr Pandabär
panda
dr Iigang
sisäänkäynti

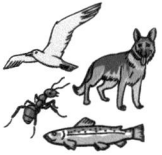

d Tier

eläimet

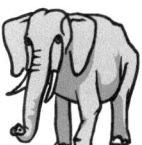

dr Elefant

norsu

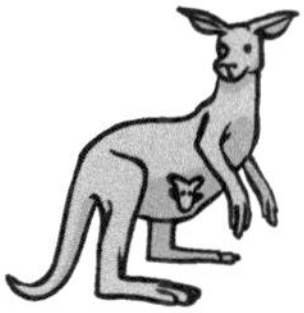

s Känguru

kenguru

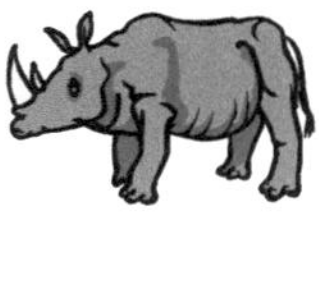

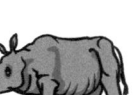

s Nashorn

sarvikuono

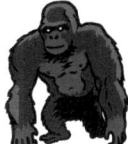

dr Gorilla

gorilla

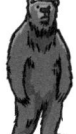

dr Bär

karhu

s Kamel

kameli

dr Struss

strutsi

dr Leu

leijona

dr Aff

apina

dr Flamingo

flamingo

dr Papagei

papukaija

dr Iisbär

jääkarhu

dr Pinguin

pingviini

dr Hai

hai

dr Pfau

riikinkukko

d Schlangä

käärme

s Krokodil

krokotiili

dr Zoowärter

eläintarhanhoitaja

d Robbä

hylje

dr Jaguar

jaguaari

s Pony

poni

dr Leopard

leopardi

s Nilpfärd

virtahepo

d Giraff

kirahvi

dr Adler

kotka

s Wildschwein

villisika

dr Fisch

kala

d Schildkrot

kilpikonna

s Walross

mursu

dr Fuchs

kettu

d Gazelle

gaselli

s American Football
amerikkalainen jalkapallo

s Velofahre
pyöräily

s Tennis
tennis

dr Basketball
koripallo

s Schwümmä
uinti

s Boxä
nyrkkeily

s Iishockey
jääkiekko

dr Fuessball

jalkapallo

s Badminton

sulkapallo

d Liechtathletik

yleisurheilu

dr Handball

käsipallo

s Skifahre

hiihto

s Polo

poolo

d Aktivitäte
aktiviteetit

springä
hypätä
umarme
halata
lachä
nauraa
gah
kävellä
singe
laulaa
troime
unelmoida
bätte
rukoilla
küssä
suudella

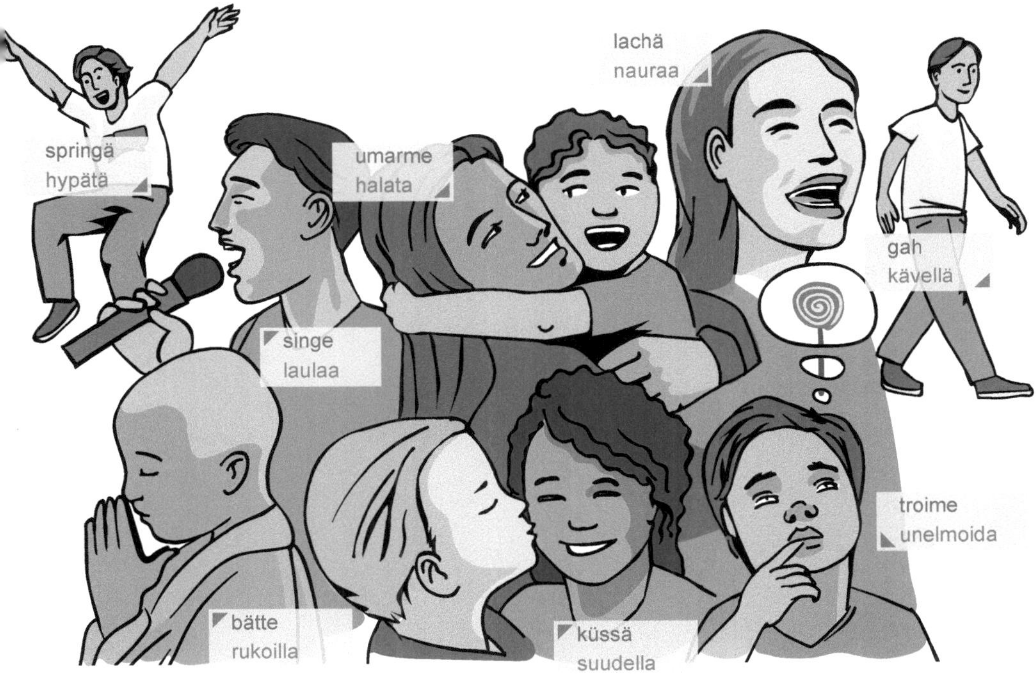

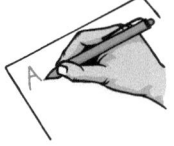

schribe

kirjoittaa

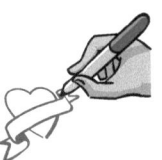

zeichne

piirtää

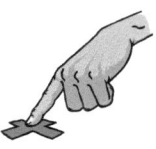

zeige

näyttää

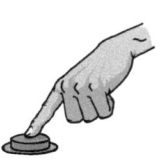

schiebe

painaa

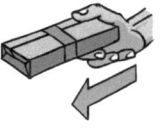

gäh

antaa

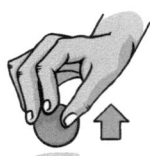

näh

ottaa

händ

omistaa

mache

tehdä

sy

olla

stah

seisoa

laufe

juosta

zieh

vetää

rüerä

heittää

fallä

kaatua

ligge

maata

warte

odottaa

träge

kantaa

sitze

istua

ahzieh

pukeutua

schlafe

nukkua

ufwache

herätä

ahluege

katsoa

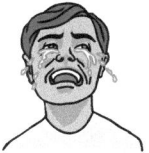

brüele

itkeä

striichle

silittää

bürste

kammata

redä

puhua

verschtah

ymmärtää

froog

kysyä

lose

kuunnella

trinke

juoda

ässe

syödä

ufruume

siivota

liebe

rakastaa

chochä

keittää

fahre

ajaa

flüge

lentää

segle

purjehtia

rächne

laskea

läse

lukea

leerä

oppia

schaffe

työskennellä

hürate

mennä naimisiin

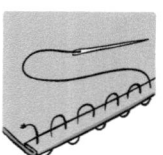

näije

ommella

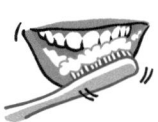

Zäh putze

pestä hampaat

töte

tappaa

schlootä

tupakoida

sände

lähettää

d Familiä
perhe

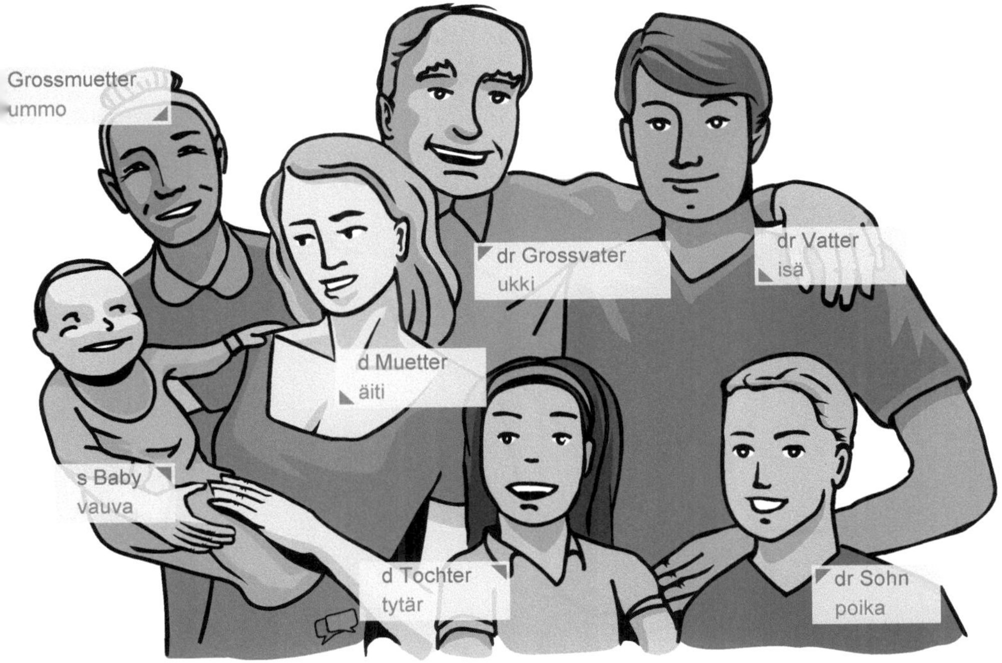

Grossmuetter
ummo
dr Grossvater
ukki
dr Vatter
isä
d Muetter
äiti
s Baby
vauva
d Tochter
tytär
dr Sohn
poika

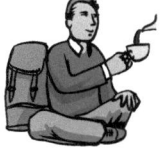

dr Gast

vieras

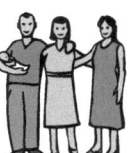

d Tante

täti

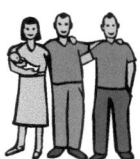

dr Unkel

setä

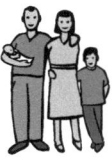

dr Brüeder

veli

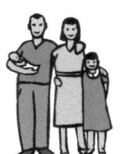

d Schwöschter

sisko

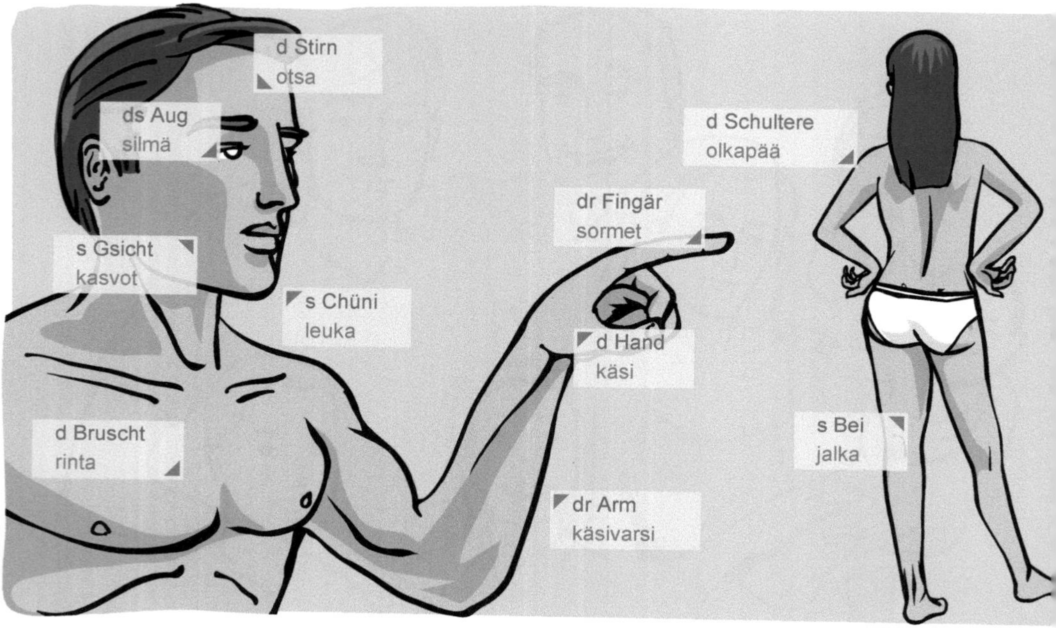

d Stirn
otsa

ds Aug
silmä

d Schultere
olkapää

dr Fingär
sormet

s Gsicht
kasvot

s Chüni
leuka

d Hand
käsi

d Bruscht
rinta

s Bei
jalka

dr Arm
käsivarsi

s Baby

vauva

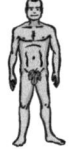

dr Mah

mies

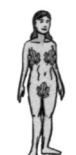

d Frau

nainen

s Meitli

tyttö

dr Bueb

poika

dr Chopf

pää

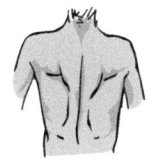

dr Ruggä
selkä

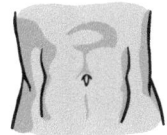

dr Buuch
maha

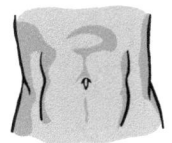

dr Buchnabel
napa

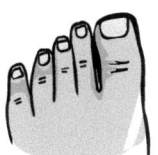

dr Zäche
varvas

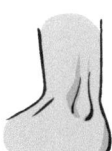

d Fersä
kantapää

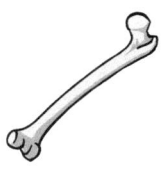

d Knoche
luu

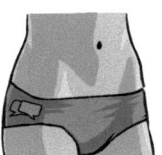

d Hüfte
lantio

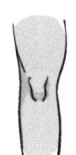

s Chnü
polvi

dr Ellbogä
kyynärpää

d Nase
nenä

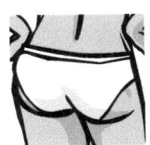

s Füdli
takapuoli

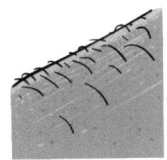

d Hut
iho

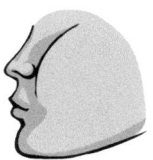

d Bagge
poski

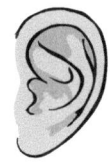

s Ohr
korva

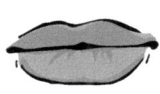

d Lippe
huuli

dr Körpär - vartalo

s Muul

suu

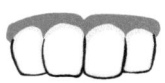

dr Zah

hammas

d Zungä

kieli

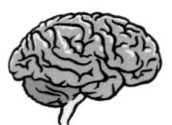

s Hirni

aivot

s Härz

sydän

dr Muskel

lihas

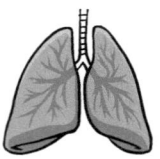

d Lungä

keuhkot

d Läberä

maksa

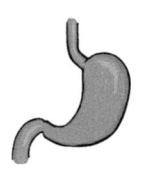

dr Magen

vatsa

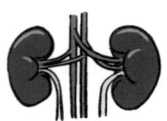

d Nierä

munuaiset

dr Gschlächtsvrkehr

seksi

s Kondom

kondomi

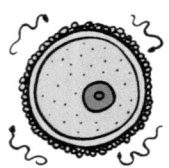

d Eizälle

munasolu

dr Soome

sperma

d Schwangerschaft

raskaus

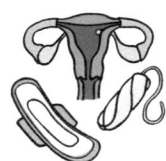

d Menstruation

kuukautiset

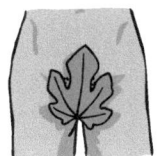

d Vagina

vagina

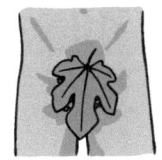

dr Penis

penis

d Augebrauä

kulmakarvat

s Haar

hiukset

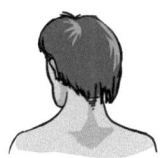

dr Hals

niska

s Spital
sairaala

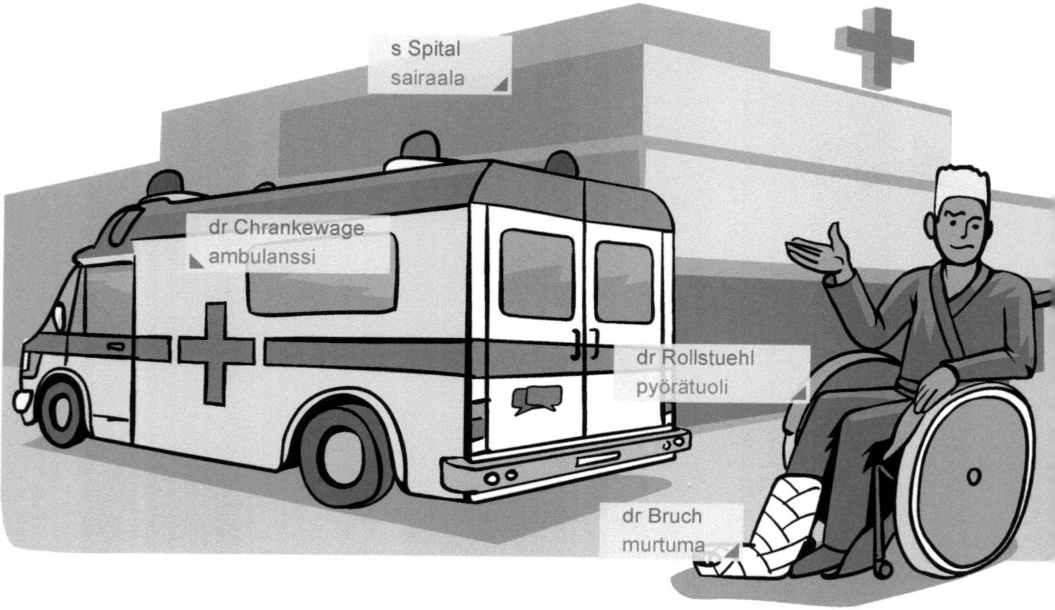

s Spital
sairaala
dr Chrankewage
ambulanssi
dr Rollstuehl
pyörätuoli
dr Bruch
murtuma

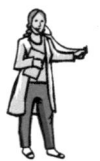

dr Arzt

lääkäri

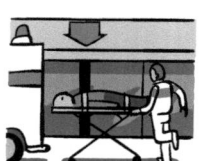

d Notufnahm

ensiapu

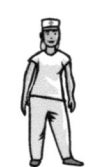

d Chrankeschwöschter

sairaanhoitaja

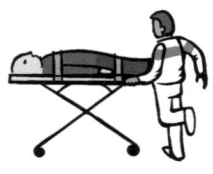

dr Notfall

hätätilanne

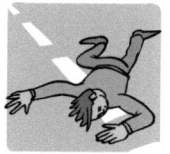

ohnmächtig

tajuton

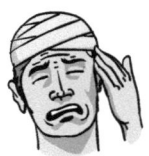

dr Schmärz

kipu

d Verletzig

vamma

d Bluätig

verenvuoto

dr Härzinfarkt

sydänkohtaus

dr Schlagahfall

aivoinfarkti

d Allergie

allergia

dr Hueschtä

yskä

s Fieber

kuume

d Grippe

flunssa

dr Durchfall

ripuli

d Kopfschmärze

päänsärky

dr Kräbs

syöpä

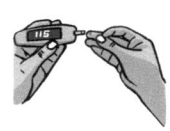

dr Diabetes

diabetes

dr Chirurg

kirurgi

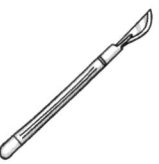

s Skalpell

veitsi

d Operation

leikkaus

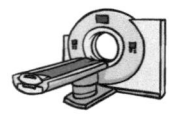

s CT

ct

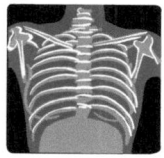

s Röntgä

röntgen

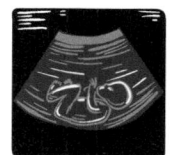

s Ultraschall

ultraääni

d Gsichtsmaske

maski

d Krankhet

sairaus

s Wartezimmer

odotushuone

d Krückä

sauva

s Pflaster

laastari

dr Vrband

side

d Injektion

pistos

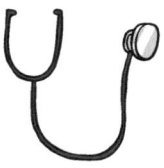

s Stethoskop

stetoskooppi

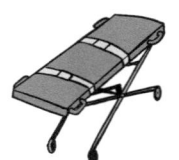

d Trage

paarit

s Thermometer

kuumemittari

d Geburt

syntymä

s Übergwicht

ylipaino

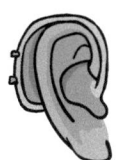

s Hörgrät

kuulolaite

s Desinfektionsmittel

desinfiointiaine

d Infektion

infektio

s Virus

virus

s HIV / AIDS

HIV / AIDS

d Medizin

lääke

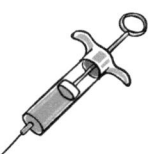

d Impfig

rokotus

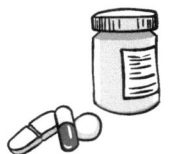

d Tablette

tabletit

d Pille

pilleri

dr Notruef

hätäpuhelu

s Bluetdruck-Mässgrät

verenpainemittari

chrank / gsund

sairas / terve

Hiufe!

Apua!

dr Alarm

hälytys

dr Überfall

ryöstö

dr Ahgriff

hyökkäys

d Gfohr

vaara

dr Notuusgang

hätäuloskäynti

Füür!

Tulipalo!

dr Füürlöscher

palosammutin

dr Unfall

onnettomuus

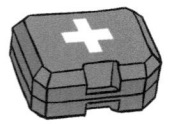

dr Ersti-Hilf-Koffer

ensiapulaukku

SOS

SOS

d Polizei

poliisilaitos

s Europa

Eurooppa

s Nordamerika

Pohjois-Amerikka

s Südamerika

Etelä-Amerikka

s Afrika

Afrikka

s Asie

Aasia

s Auschtralie

Australia

dr Atlantik

Atlantin valtameri

dr Pazifik

Tyynimeri

dr Indische Ozean

Intian valtameri

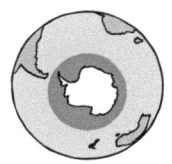

dr Antarktische Ozean

Eteläinen jäämeri

dr Arktische Ozean

Pohjoinen jäämeri

dr Nordpol

pohjoisnapa

dr Südpol

etelänapa

d Antarktis

Antarktis

d Ärde

maa

s Land

maa

s Meer

meri

d Inslä

saari

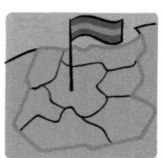

d Nation

kansa

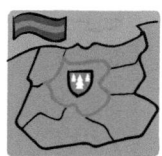

dr Staat

osavaltio

d Ärde - maa

s Ziffereblatt

kellotaulu

dr Stundezeiger

tuntiviisari

dr Minutezeiger

minuuttiviisari

dr Sekundezeiger

sekuntiviisari

Wie spaht isch es?

Paljonko kello on?

dr Tag

päivä

d Zit

aika

jetzt

nyt

d Digitaluhr

digitaalikello

d Minute

minuutti

d Stunde

tunti

d Wuche

viikko

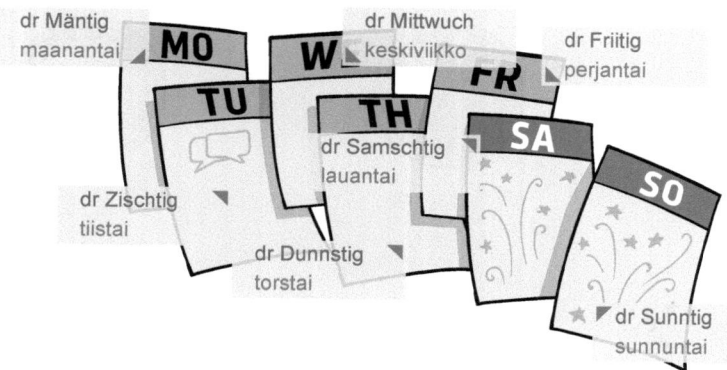

dr Mäntig
maanantai

dr Mittwuch
keskiviikko

dr Friitig
perjantai

dr Zischtig
tiistai

dr Samschtig
lauantai

dr Dunnstig
torstai

dr Sunntig
sunnuntai

geschter

eilen

hüt

tänään

morn

huomenna

dr Morgä

aamu

dr Mittag

keskipäivä

dr Aabig

ilta

MO	TU	WE	TH	FR	SA	SU
1	2	3	4	5	6	7
8	9	10	11	12	13	14
15	16	17	18	19	20	21
22	23	24	25	26	27	28
29	30	31	1	2	3	4

d Wärktag

työpäivät

MO	TU	WE	TH	FR	SA	SU
1	2	3	4	5	6	7
8	9	10	11	12	13	14
15	16	17	18	19	20	21
22	23	24	25	26	27	28
29	30	31	1	2	3	4

s Wuchenänd

viikonloppu

dr Räge
sade

dr Rägeboge
sateenkaari

dr Schnee
lumi

dr Wind
tuuli

dr Früelig
kevät

dr Herbscht
syksy

dr Summer
kesä

dr Winter
talvi

4.APRIL	11°	☀
5.APRIL	4°	☁
6.APRIL	13°	⛈
7.APRIL	8°	☀
8.APRIL	10°	☀

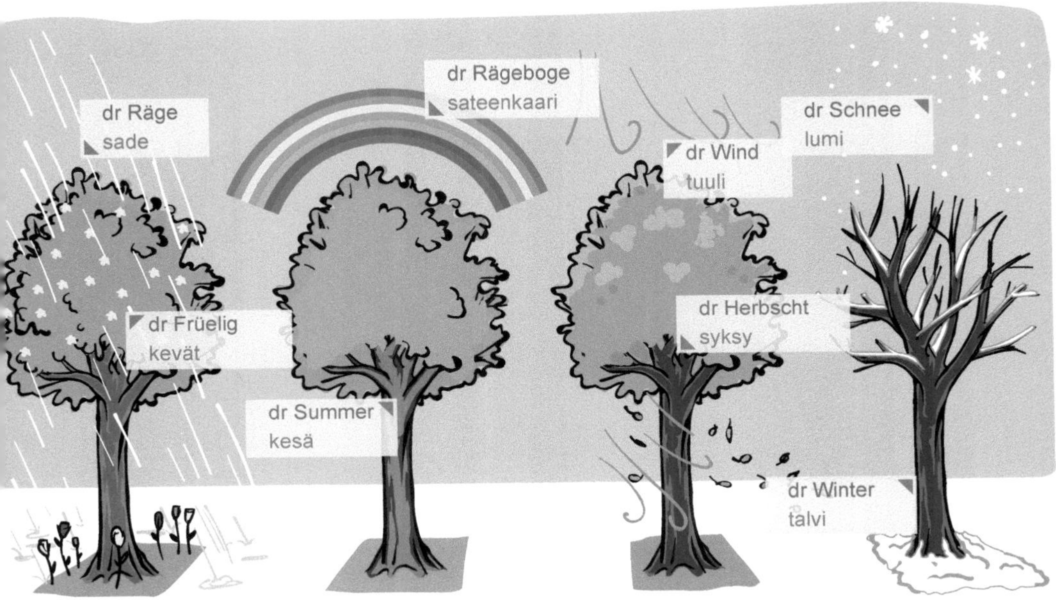

d Wättervorhärsag

sääennuste

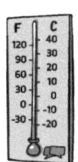

s Thermometer

lämpömittari

dr Sunneschiin

auringonpaiste

d Wolkä

pilvi

d Näbel

sumu

d Fiechtigkeit

ilmankosteus

dr Blitz

salama

dr Dunner

ukkonen

dr Sturm

myrsky

d Hagel

rae

dr Monsun

monsuuni

d Fluet

tulva

s Iis

jää

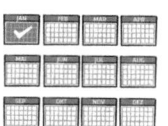

dr Januar

tammikuu

dr Februar

helmikuu

dr März

maaliskuu

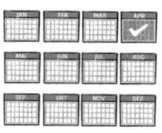

dr April

huhtikuu

dr Mai

toukokuu

dr Juni

kesäkuu

dr Juli

heinäkuu

dr Auguscht

elokuu

dr Septämber
....
syyskuu

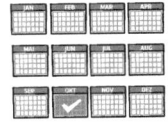

dr Oktober
....
lokakuu

dr Novämber
....
marraskuu

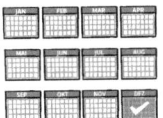

dr Dezämber
....
joulukuu

d Forme
muodot

dr Kreis
....
ympyrä

s Quadrat
....
neliö

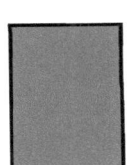

s Rächteck
....
suorakulmio

s Dreieck
....
kolmio

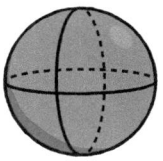

d Chugele
....
pallo

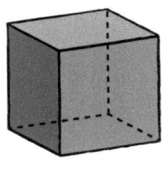

dr Würfel
....
kuutio

wiss
....
valkoinen

gäl
....
keltainen

orange
....
oranssi

pink
....
vaaleanpunainen

rot
....
punainen

liila
....
violetti

blau
....
sininen

grüen
....
vihreä

bruun
....
ruskea

grau
....
harmaa

schwarz
....
musta

viel / wenig

paljon / vähän

hässig / ruhig

vihainen / ystävällinen

hübsch / hässlich

kaunis / ruma

dr Ahfang / s Ändi

alku / loppu

gross / chli

suuri / pieni

hell / dunkel

vaalea / tumma

dr Brüeder / d Schwöschter

veli / sisko

suuber / dräckig

puhdas / likainen

vollständig / unvollständig

täydellinen / epätäydellinen

dr Tag / d Nacht

päivä / yö

tot / läbig

kuollut / elävä

breit / schmal

leveä / kapea

ässbar / nid ässbar

syötävä / syömäkelvoton

bös / fründlich

paha / kiltti

uffreggt / glangwilt

innostunut / tylsistynyt

dick / dünn

lihava / laiha

zerscht / zletscht

ensimmäinen / viimeinen

dr Fründ / dr Find

ystävä / vihollinen

voll / läär

täysi / tyhjä

hart / weich

kova / pehmeä

schwer / liecht

painava / kevyt

dr Hunger / dr Durscht

nälkä / jano

chrank / gsund

sairas / terve

illegal / legal

laiton / laillinen

intelligänt / gatz

älykäs / tyhmä

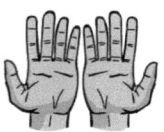

links / rächts

vasen / oikea

nöch / wiit weg

lähellä / kaukana

neu / bruucht

uusi / käytetty

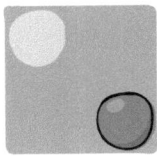

nüt / öpis

ei mitään / jotain

alt / jung

vanha / nuori

ah / uss

päällä / pois päältä

offe / zue

auki / kiinni

lislig / luut

hiljainen / äänekäs

riich / arm

rikas / köyhä

richtig / falsch

oikein / väärin

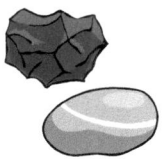

rau / glatt

karhea / sileä

truurig / glücklich

surullinen / iloinen

churz / lang

lyhyt / pitkä

langsam / schnäll

hidas / nopea

nass / trochä

märkä / kuiva

warm / chalt

lämmin / viileä

dr Chrieg / dr Friede

sota / rauha

0

Null

nolla

1

eis

yksi

2

zwei

kaksi

3

drü

kolme

4

vier

neljä

5

foif

viisi

6

sächs

kuusi

7

sibe

seitsemän

8

acht

kahdeksan

9

nün

yhdeksän

10

zäh

kymmenen

11

elf

yksitoista

12

zwölf

kaksitoista

13

drizäh

kolmetoista

14

vierzäh

neljätoista

15

füfzäh

viisitoista

16

sächzäh

kuusitoista

17

siebzäh

seitsemäntoista

18

achtzäh

kahdeksantoista

19

nünzäh

yhdeksäntoista

20

zwänzg

kaksikymmentä

100

Hundert

sata

1.000

Tuusig

tuhat

1.000.000

Million

miljoona

Änglisch

englanti

Amerikanischs Änglisch

amerikanenglanti

Chinesisch Mandarin

mandariinikiina

Hindi

hindi

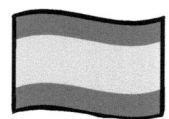

Spanisch

espanja

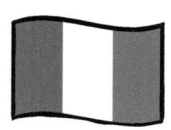

Französisch

ranska

Arabisch

arabia

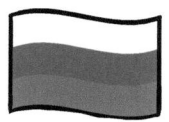

Russisch

venäjä

Portugiesisch

portugali

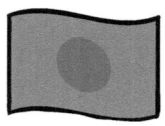

Bengalisch

bengali

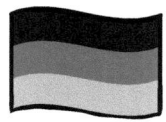

Dütsch

saksa

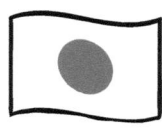

Japanisch

japani

ich
....
minä

du
....
sinä

är / sie / es
....
hän

mir
....
me

ihr
....
te

sie
....
he

wär?
....
kuka?

was?
....
mitä / mikä?

wie?
....
miten?

wo?
....
missä?

wänn?
....
milloin?

Name
....
nimi

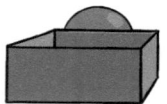

hinder
....
takana

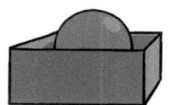

in
....
sisällä

vor
....
edessä

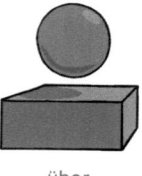

über
....
yläpuolella

uf
....
päällä

under
....
alapuolella

näbe
....
vieressä

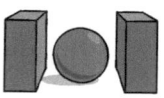

zwüsche
....
välissä

dr Ort
....
paikka